INTELIGENCIA
FINANCIERA

INTELIGENCIA FINANCIERA

INDICE

Haz lo mismo y obtendrás lo mismo

¿Qué es el dinero?

Antes del cambio...

Tiempo y dinero

Formas de alcanzar la riqueza

Regla principal para invertir

Cómo salir de un lío financiero

INTELIGENCIA FINANCIERA

Haz lo mismo y obtendrás lo mismo

Naturalmente, la mayoría de nosotros, si no todos, queremos y anhelamos algo mejor. Es parte de nosotros si queremos un coche más grande, una casa mejor, comprar cosas buenas para la familia. Seguimos esperando más pero, para conseguir lo que no tienes,

tienes que hacer algo que nunca has hecho antes.

Eso significa simplemente:

Hacer lo mismo una y otra vez esperando resultados diferentes!!!! **UNA LOCURA**!!!!!!

Como empleado, usted no puede permanecer en el mismo trabajo para siempre y esperar que ocurra un milagro y que su jefe de repente le dé un aumento. Tendrá la suerte de que no haya ninguna reducción de personal en su empresa. El cambio a otra compañía sólo proporcionará una solución a corto plazo para un problema a largo plazo.

Seguro, usted puede tomar un segundo o incluso tercer trabajo, pero ¿tiene suficientes horas y resistencia en un día para mantenerlo?

El resultado final: Intercambiar tiempo por dinero no es un buen sentido financiero a largo plazo. Sigues aumentando las horas sólo para ganar la carrera de ratas. Que nunca lleva a resultados extraordinarios.

Aumentar sus salarios sólo lo coloca en un nivel impositivo más alto. Sus salarios aumentan, pero también lo hacen sus gastos en su casa y automóvil. ¿Cómo vas a invertir en ti mismo cuando todo el tiempo que pasas trabajando para una empresa, trabajando para el gobierno pagando impuestos y trabajando para el banco pagando tu casa y tu auto? ¿Qué pasa si te enfermas y no puedes trabajar mañana? ¿El gobierno cuidará de tu familia?

Lo dudo mucho.

¿No es hora de que te tomes las finanzas un poco más en serio?

¿Qué es el dinero?

Verás, hay muchas ideas de lo que la gente piensa que es el dinero.

Algunos dicen que es una forma de medición.

Sí, ¿pero una medida de qué? ¿Riqueza? Antiguamente, la gente medía la riqueza por el número de vacas, ovejas y caballos que tenían. Pero, ¿la gente mide la riqueza hoy en día por sus vacas y caballos? ¿Qué hay de los esclavos? ¿Hubo un tiempo en el que la mano de obra se consideraba un bien caliente? ¿Los esclavos valen algo hoy en día? ¿Su dinero está sentado en el banco para protegerlo si una recesión golpea al país? No, la riqueza no puede ser medida por el dólar vil.

Algunos dicen que es una forma de poder.

Sí, el dinero puede darte poder, pero si estás atrapado en una isla desierta para siempre con un gran tesoro, ¿significará ese dinero algo para ti? Si alguien te ofreciera agua y un helicóptero para que salieras volando de allí, intercambiarías todo tu dinero en una fracción de segundo, así que el dinero no es una medida precisa del poder - depende en gran medida de cómo y sabiamente lo uses!!!

Muchos creen que es la raíz de todo el mal... y muchos otros asumen esta creencia sin mucho cuestionamiento.

Ahora, ahora, ahora, ahora... el dinero NO es la raíz de todo mal (de otra manera, ¿por qué crees que las iglesias todavía aceptan donaciones monetarias y caridad?). El amor al dinero es la raíz del mal. Recuerda, el dinero es un excelente sirviente, pero un terrible amo. Si usted está intercambiando su vida por el dinero, el dinero tiene poder sobre su tiempo y su vida.

Y a menos que usted tenga la información financiera adecuada, la falta de dinero puede engendrar un montón de pensamientos malvados y una mentalidad negativa, como se observa principalmente en los tramposos, ladrones, criminales, rupturas, gorrones, tacaños y más, por nombrar algunos.

Pero, ¿qué es realmente el dinero?

El dinero es una idea, respaldada por la confianza.

Mientras que el dinero ha sido desarrollado naturalmente por los comerciantes en los viejos tiempos para reemplazar el cuestionable sistema de trueque, el dinero hoy en día es literalmente inventado por los ricos y ricos.

Los empresarios están dispuestos a deshacerse de su dinero para comprar el tiempo de otras personas. El tiempo de otras personas, es decir, los empleados y los trabajadores por cuenta propia, se convierte en el activo de su empleador y los empleadores este recurso inestimable para seguir creando más riqueza para sí mismos.

Y aquí está la cosa: ¡mientras trabajas por dinero, estás esclavizado por él!

El 90% de la población actual está siendo esclavizada involuntariamente.

De lo que no nos damos cuenta es que hay una parte de nuestra alma que no se puede comprar a cualquier precio. ¿Te cortarías el dedo meñique si tu jefe te ofreciera 24 meses de tu salario inmediatamente? Tú y yo sabemos que valemos más que eso. Pero cuando usted oye de casos de personas que venden sus partes del cuerpo por dinero en efectivo en algunos países, podemos hacer que nuestros ojos se salgan de las órbitas.

Por otro lado, ocasionalmente vendemos una parte de nosotros mismos por dinero como un burro y una zanahoria.

Antes del cambio...

Ahora no me malinterpreten: no estoy trabajando en un trabajo (trabajé en uno antes de convertirme en un EMPRENDEDOR).

Pero afrontémoslo: nuestras necesidades actuales crecen más que nunca en cualquier período de la historia. Los precios suben, los salarios no. Hay más **"baby boomers"** que nunca y tienen muy poca pensión que mostrar por sus décadas de esfuerzos de años de trabajo.

Y no se puede adivinar cuánta gente odia el estilo de vida poco saludable y agitado de levantarse temprano, lidiar con el estrés durante la mayor parte del día, unirse a los atascos de tráfico, gastar más dinero y tiempo en viajar, disfrutar de muy poco descanso y repetir el ciclo de viscosidad.

Definitivamente no pinta un buen cuadro financiero y de estilo de vida, ¿NO?

El primer paso para cambiar es ser consciente del problema. La conciencia antes del cambio (o ABC para abreviar) es necesaria si usted va a hacer algún cambio en la vida para comenzar a tomar control de su vida financiera y luego salir de la carrera de ratas.

Necesitamos la conciencia para saber en qué estado estamos para saber hacia dónde vamos.

Tiempo y dinero

Hay 4 tipos de personas en el mundo:

1. Sin tiempo, ni dinero.

La mayoría de los empleados entran en esta categoría. No puedes ir de compras un martes por la tarde o despedir a tu jefe cuando quieras. La mayoría de los empleados ni siquiera pueden ahorrar dinero en su pensión para 3 años!

2. Sin tiempo, mucho dinero.

Los trabajadores autónomos, profesionales y propietarios de pequeñas empresas se encuentran en esta categoría.

Están un poco mejor que el empleado porque ganan más, pero tienen que trabajar aún más duro que los empleados para mantenerse al día con la disminución de los márgenes de beneficio, la competencia y el servicio a sus clientes.

3. Tengo tiempo, no tengo dinero.

Muchos agricultores, desertores escolares o vagabundos tienen mucho tiempo pero no dinero. Tal vez la ignorancia es una bendición, pero sin una fuente estable de ingresos, ¿cuánto tiempo puedes durar en el futuro?

4. Tengo tiempo y mucho dinero.

Es la categoría en la que se encuentran los grandes empresarios, propietarios e inversores. Imagínese, no tener que trabajar por dinero, sino tener dinero para trabajar para usted invirtiéndolo y obteniendo ganancias al usar su dinero para hacer dinero. **GLOORIOSO!!!!!!!!**

Ahora pregúntese?

1. ¿En cuál de las cuatro categorías se encuentra actualmente?

2. ¿En qué categoría desea estar mañana?

Formas de alcanzar la riqueza

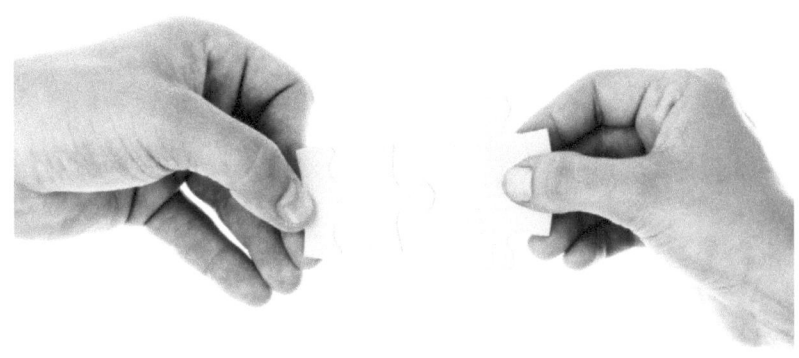

2 Modelos de creación de riqueza

Todo el mundo quiere ganar más dinero, pero la gente en general y se divide en dos categorías:

- Aquellos que traen resultados después de que se les promete riqueza primero o aquellos que traen los resultados primero, luego son recompensados por otros después. (**EMPLEADO Y AUTOEMPLEADO**).

- Aquellos, empresarios, dueños de negocios e inversionistas.

No hay ningún bien o ningún mal en este tipo de pensamiento, pero tenga en cuenta: una vez más, usted está cambiando su precioso tiempo por dinero. En lugar de invertir su tiempo en un **ACTIVO** que genera dinero, usted pasa su tiempo trabajando en algo que es a corto plazo, de riqueza limitada, y no le da ingresos mucho después de haber dejado de trabajar.

Considere también que este tipo de visión a corto plazo sólo producirá resultados limitados o temporales en el mejor de los casos. ¿Alguna vez has visto a un guardia de seguridad dormido en el trabajo cuando el jefe no está?

Además, la parte en la que nuestras emociones nos superan es cuando al menos nuestras vidas deben ser gobernadas por la persecución del dólar. Es evidente que cuando a un empleado se le ofrece un salario más alto, más beneficios médicos y vacaciones más largas, su corazón comienza a bombear más rápido.

Un salario más alto no significa menos problemas financieros. Al contrario, cuando sus ingresos aumentan, sus compromisos, su nivel de impuestos y el tiempo que pasa en su empresa aumentan. Cuanto mayor sea su salario, más débil será su posición porque si su jefe le está pagando un ingreso de 5 dígitos y llamadas para una reunión de emergencia, ¡será mejor que se apresure a ir a la oficina incluso si está a mitad de camino haciendo el amor con su mujer!!!!

Creo que la mejor definición de una relación empleado/jefe puede resumirse así.

Un empleado sólo hará lo mínimo para evitar que el jefe los despida y un jefe sólo pagará lo mínimo para evitar que el empleado se vaya.

Ahora vamos a explorar el otro grupo…

Hay mucha gente creativa, inventores, empresarios y líderes de negocios que caen en esta categoría.

Un empresario es alguien que siempre tiene buenas ideas.

El primer obstáculo que tenemos que superar si queremos tener éxito en el segundo grupo es dejar de trabajar por dinero. ¿Qué significa esto? ¿Hacer dinero no es parte de tener un buen coeficiente intelectual financiero?

Lo que quiero decir con 'dejar de trabajar por dinero' es que no es trabajar gratis. Más bien, significa trabajar para obtener las habilidades necesarias para ser un empresario exitoso (o inventor, inversor).

Si usted carece de contactos para manejar un negocio, ¿cuál sería el mejor lugar para buscar contactos? Por supuesto, los clientes de su competencia.

¿Qué hay del conocimiento del producto? Luego trabaje con una compañía que le enseñará todos los pormenores de los trucos del oficio.

¿No está familiarizado con la línea de producción de una fábrica? Trabaje en uno! Aprende a manejar las cuerdas o a manejar a los trabajadores de la fábrica.

¿Miedo de hablar con la gente? Consigue un trabajo de ventas donde te verás forzado a hablar con mucha gente. También es una gran manera de desarrollar la perseverancia!

¿No sabes que la mejor educación que puedes obtener es en la vida real? No en la sala de conferencias.

La conclusión es que no todo el mundo tiene lo que se necesita para triunfar como empresario.

No es tan fácil. Muchos carecen de la perseverancia, la mentalidad creativa, las capacidades financieras o las personas necesarias para hacer el trabajo y por lo general se dan por vencidos demasiado pronto antes de que se puedan ver los resultados. La manera más rápida de conseguir que esas habilidades tengan éxito es aprenderlas de forma práctica y ¡hasta te pagan en el proceso! No se deje absorber por lo que le pagan.

Una vez más, permítaseme recalcar:

¿Cambiarías el tiempo por dinero a corto plazo? (El dinero deja de llegar cuando usted deja de hacerlo) O ¿Cambiar tiempo y dinero por un activo a largo plazo que le genere ingresos? (Incluso mucho después de haber dejado de hacerlo)

Dios nos creó con un cerebro. Todo lo que tenemos que hacer es mirar a nuestro alrededor y observar los problemas que hay que superar porque cada problema es una oportunidad disfrazada.

Todo depende de ti. Usted puede o no ver los resultados en el corto plazo, pero usando nuestros cerebros y los recursos que nos rodean, podemos crear verdadero valor que otros están dispuestos a pagar por lo que nosotros tenemos para ofrecer.

3 maneras de hacer dinero

Permítanme resumir las 3 maneras de hacer dinero

1. Tiempo de comercio por dinero - empleado, trabajador por cuenta propia

2. Manifestación y uso de ideas creativas - inventores, artistas, programadores

3. Si usted es un profesional, ¿ha explorado alguna vez la posibilidad de escribir un libro electrónico sobre su campo de especialización? Si está bien escrito, podría proporcionar una nueva fuente de ingresos, en lugar de que usted tenga que dedicar su tiempo a servir a sus clientes.

¿Qué tal un programador de computadoras? Usted puede salir con su propio producto revolucionario en lugar de vender sus ideas a la compañía para la que trabaja.

¿Qué hay de los bienes raíces, en lugar de vender casas, usted puede juntar fuentes de financiación para comprar casas baratas, aumentar su valor y venderlas a un precio más alto. Sólo se necesita un poco de tiempo e investigación para encontrar buenas ideas.

¿Es el dinero un problema? Busque préstamos si puede asumir el riesgo. Reúna el dinero de muchos inversionistas o busque un subsidio. El cielo es el límite cuando se trata de hacer dinero.

Una vez más, ¿de qué manera quiere conseguir riqueza? Respuesta: depende de ti.

Regla principal para invertir

¿Qué significa invertir para las personas?

¿Qué le viene a la mente cuando menciona la palabra inversión?

¿Significa poner su dinero en seguros, fondos

mutuos, en el mercado de valores o incluso en inversiones de alto rendimiento?

Otras personas sólo piensan en invertir cuando están a punto de morir y no han dejado nada para su descendencia.

Algunos incluso tiemblan cuando escuchan la palabra, a menudo afirmando que no tienen dinero para invertir o que sienten que es un tema demasiado complicado como para discutirlo.

Muchas personas incluso invierten mucho en suplementos para la salud, entrenadores personales y esteticistas para vivir más tiempo, estar más saludables o incluso parecer más jóvenes. Imagine el presupuesto publicitario de las empresas de belleza de hoy en día.

Todas estas son preocupaciones legítimas cuando se trata de invertir, pero estoy hablando de la inversión más importante que una persona puede hacer en su vida.

Invierta en usted mismo.

La regla más importante y la más primordial es "Invierte en ti mismo" - si no lo haces tú, ¿quién más lo hará?

Tus padres sólo invertirán en tu educación hasta que salgas de la universidad. Pero eso son sólo las necesidades básicas proporcionadas y no le enseña lecciones importantes acerca de la educación financiera.

¿Dependerías de las universidades para que

te enseñen a ganar dinero? La mayoría de las universidades sólo te enseñan habilidades para que puedas ganar dinero trabajando para otras personas. ¿Qué tal la escuela de negocios? Honestamente, si los profesores de negocios son tan expertos en negocios, ¿por qué siguen dando clases allí en lugar de hacer una fortuna en los negocios?

¿Tu jefe te enseñaría a tener éxito en los negocios para que un día estés en su posición?

Usted y sólo usted tiene que ser lo suficientemente proactivo para asumir esa responsabilidad. Verá, cuando invierte en sí mismo, significa asumir la importancia de educarse. La educación no en el sentido académico o técnico, aunque son habilidades necesarias para ser desarrolladas en la vida. Nuestra educación no se detiene en la universidad.

Para la mayoría de los adultos que trabajan, su educación entra en una etapa de retardo después de salir del colegio. Dejan de aprender y por lo tanto dejan de crecer. Sólo crecen de lado por comer demasiadas pizzas o comida para llevar durante sus ocupadas pausas para el almuerzo.

Sabemos que el coeficiente intelectual es importante, ¿verdad? Pero, ¿por qué las personas más inteligentes del mundo no son las más ricas del mundo? Hay muchos contadores y planificadores financieros corriendo a sus autos cada noche tratando de vencer las congestiones de tráfico después del trabajo! **¡No son ricos!**

¿Qué tal Inteligencia Emocional o Coeficiente

Emocional? ¿Trabajar duro, tener una gran actitud y una mentalidad positiva resuelven nuestra situación financiera? Estos son importantes a la hora de dirigir un negocio, pero permítanme que los utilice:

Si estás conduciendo de Boston a Nueva York usando el mapa de carreteras equivocado, no llegarás a nuestro destino sin importar lo rápido que conduzcas tu coche (¡trabajando duro!). Puedes trabajar más duro, pero sólo llegarás más rápido al destino equivocado. Puede que tengas la mejor actitud del mundo o la mentalidad más positiva, pero aún así no llegarás a Nueva York (aunque el viaje no te molestaría ya que te sientes positivo al respecto).

La importancia de la educación financiera Usted debe invertir PRIMERO en su coeficiente intelectual financiero.

Tener un buen coeficiente intelectual financiero no se trata de ahorrar toneladas de dinero o depositarlas en fondos mutuos. Es el desarrollo de una relación sana de dinero y la construcción de una riqueza de activos que le generará dinero.

¿Qué se necesita para desarrollar su coeficiente intelectual financiero?

La gratificación retrasada es uno de los aspectos más importantes para el desarrollo de su coeficiente intelectual financiero. Tomemos esto como un ejemplo hipotético.

¿Pagaría por una pinta de leche o una vaca?

Si compras leche, se consume y se acabó.

Tendrá que comprar la leche una y otra vez cuando esté terminada. Aunque la leche cueste menos que una vaca, a la larga, usted seguirá comprando leche una y otra vez.

Ahora, si una vaca costara 50 veces más que la leche, usted podría pagar por la nariz cuando compre la vaca, pero después de consumir 50 pintas de leche de la vaca, usted alcanzaría el punto de equilibrio en su inversión y ahorraría más dinero en el futuro. De hecho, la vaca podría dar a luz a 2 o más terneritos y usted podría seleccionar uno de ellos para obtener ganancias!

¿Captaste la idea?

CADA UNO es capaz de crear riqueza. Cuando usted toma un coche viejo y le da una revisión general, lo pinta con una nueva capa de pintura, y cambia algunas partes más para que empiece a funcionar de nuevo, usted podría seleccionar ese coche por más dinero que si fuera sólo un coche viejo y destartalado. Habrías creado riqueza en el proceso!

¿Qué tal una granja? Si usted convierte una granja en un centro vacacional de vacaciones en el campo, ¿no aumentaría el valor de la tierra de cultivo?

Es el mismo principio para los cocineros, programadores informáticos y artesanos. La suma del todo es mayor que las partes. Todos somos capaces de crear riqueza incluso de la nada y ese es el primer paso para hacer fluir nuestros jugos creativos.

El valor de cualquier cosa está definido por la

oferta y la demanda.

No hace falta ser licenciado en economía para entender esto. El dinero es sólo una idea.

¿Recuerdas el ejemplo de la isla desierta? La verdadera medida del dinero no son los centavos o dólares que representa.

Si usted ha desarrollado un producto que la gente quiere, ¿le pagaría más de lo habitual? ¿Aplicaría sus habilidades para crear buenos activos?

Lo esencial es esto:

Invierta en activos que aporten valor a largo plazo. Cualquier cosa que le traiga más ingresos es una ventaja. No invierta demasiado en pasivos como automóviles o barcos.

Incluso las casas no se consideran activos hasta que están totalmente pagadas (Si usted perdió su trabajo mañana y no puede pagar por su casa, ¿es su casa un activo o un pasivo?) ¿Está dispuesto a salir de su zona de comodidad y pagar el precio del coeficiente intelectual financiero? o ignorar los signos de los tiempos y esperar que tu jefe, el gobierno y el banco te cuiden financieramente por el resto de tu vida, viviendo por debajo de tus posibilidades y nunca tomando riesgos para mejorar el futuro de tu familia?

Cómo salir de un lío financiero

Hay dos métodos que puedo recomendar para salir de un lío financiero.

Estrategias defensivas

El primero es defensivo:

Reduzca lo que ya está gastando. No puedes empezar un negocio en un lío financiero. El flujo de caja es más importante que los ingresos. Y usted necesita tener mucho flujo de efectivo de sus bolsillos si quiere tener éxito.

Estas son algunas de las cosas que puede reducir

- Fumar - si no puede dejar de fumar, simplemente reduzca el consumo de unos pocos cigarrillos.

- Alcohol - el alcohol puede drenar sus finanzas más rápido que un grifo que corre.

- Salidas nocturnas - pasar algunas noches en casa pensando en ganar más dinero.

- Apuestas - si usted planea apostar, es mejor apostar en un negocio.

- Clubes de vacaciones y de campo - no morirás sin unas cuantas membrecías.

- Comida - come sano y puedes pensar con más claridad.

- Pereza - ¡La cosa más grande que te detendrá!

Lo más importante de todo es que no compres nada que constituya un riesgo. Un pasivo es cualquier cosa que saca dinero de su bolsillo sin importar lo que valga en el futuro. Piense en términos de flujo de caja. ¿En qué puedo invertir hoy para obtener fondos mañana?

Ahora pasemos a las estrategias ofensivas:

Estrategias ofensivas

Una de las mejores maneras, de bajo costo para invertir en sus habilidades de negocio es unirse a una compañía de mercadeo en red. Hay muchas otras opciones, como empezar un negocio tradicional o incluso un negocio en línea.

Pero si quieres garantizarte algo concreto donde las habilidades de negocio son una preocupación, mi opinión es sobre el Marketing en Red.

Independientemente de lo que hayas oído hablar de esta industria o de cuánto dinero ha perdido la gente allí, la razón principal por la que recomendaría a todo el mundo que invierta en una empresa de marketing de redes es por lo que se puede aprender allí, y no por la cantidad de dinero que se puede ganar (aunque sería fantástico si se puede vivir de ello).

Verá, las compañías de mercadeo en red son el único lugar donde la gente comparte sus secretos comerciales GRATIS. Es lógico porque para que su línea ascendente tenga éxito, ellos también querrán que usted tenga éxito! Por lo tanto, no se abstendrán de enseñarle las habilidades de un hombre de negocios.

Además, el costo relativamente bajo de invertir en una compañía de mercadeo en red lo sorprenderá por lo que puede aprender por el precio que está pagando (¡unas pocas botellas de vitaminas y un kit de negocios para la experiencia de su vida!). Ellos lo entrenan pacientemente en las actitudes y habilidades de negocios que usted necesita para tener éxito en esta industria.

Básicamente, no se puede tener éxito en el mercadeo en red con la mentalidad de un empleado. Una compañía de mercadeo en red lo entrenará en ventas, comunicación, trabajo en equipo, liderazgo, pensamiento positivo, superación personal, inversión de tiempo y dinero, así como el apoyo de su línea ascendente como entrenador personal y mentor. Me atrevería a decir que aunque no ganaras ni un centavo, pero hayas participado diligentemente en su programa, las habilidades que desarrolles durarán toda la vida.

Usted también puede desarrollar habilidades vinculándose a una agencia de seguros. El trabajo puede ser muy duro, pero esas compañías también le enseñarán las mismas habilidades que las anteriores y tal vez también le darán algunos consejos sobre la planificación financiera.

¿Qué tal un negocio en Internet? Si usted tiene la aptitud para las computadoras, los negocios de Internet ofrecen un negocio de bajo costo y alto margen de ganancia que puede ganar mucho dinero y acceder a un mercado mundial.

Otros lugares donde usted puede aprender sobre habilidades de negocios se pueden encontrar en cursos de planificación financiera, cursos de inversión inmobiliaria, cursos de administración del tiempo y mucho más.

Todo esto que he sugerido será la manera más segura de comenzar un nuevo negocio. Usted sólo está gastando de unos pocos cientos a miles de dólares en la puesta en marcha y la educación.

Un negocio tradicional puede ser demasiado arriesgado para alguien sin experiencia comercial.

Usted invierte decenas de miles de dólares y puede que tenga dificultades para llegar al punto de equilibrio. Pero una vez que hayas desarrollado las habilidades anteriores, tendrás una mayor probabilidad de éxito.

Lo más importante de todo, además de una buena actitud de aprendizaje, son las personas con las que te relacionas.

Ya se ha dicho antes; ¡eres la suma de las cinco personas con las que pasas más tiempo!

Esto es muy difícil de tragar, pero imagina que si empiezas a hablar con tus cinco amigos bebedores de cerveza y póquer que quieres salir por tu cuenta y hacer una fortuna, ¿qué te dirían? Se reirían de sus calcetines antes de destrozar tu ego en mil pedazos!

En el corazón del hombre yacen los celos. No

quieren ver que la gente a su alrededor tenga éxito. Si tienes éxito, los hace quedar mal. Ellos saben en sus corazones que no van a ningún lado, pero abrazan ese estilo de vida y te arrastran con ellos. Ellos le robarán su sueño, y le robarán su libertad financiera si no tiene cuidado!

El punto clave a recordar es: Sólo se mezclan con gente de pensamiento positivo!

El pensamiento positivo no es un deseo. Un pensador deseoso es un soñador que no actúa. El pensamiento positivo está respaldado por la acción y usted sentirá la energía de las personas que creen en usted y apoyan sus sueños.

Si andas con patos, graznarás... ¡pero si andas con águilas, te elevarás!

Así que empieza a buscar gente que siga tu visión o que quiera crecer junto a ti.

Por último, ¡debes **CREER EN TI MISMO**!

La tarea de salir de su zona de comodidad puede parecer aterradora y muchos no apoyarán su sueño. Incluso pueden pasar a la ofensiva aunque no compartas tu sueño. Esa persona puede incluso ser sus padres o su cónyuge.

Entonces usted se enfrentará a la pregunta, ¿mi libertad financiera vale el precio que estoy pagando ahora? ¿Puedo vivir otro día con la misma rutina, el mismo trabajo, el mismo sueldo o la misma faena? Si la respuesta es no, entonces tome acción AHORA. Mañana no, te despertarás y te olvidarás de tu sueño.

Escriba su deseo en un pedazo de papel y sujétese firmemente a él todos los días. Compártelo con alguien positivo y da el primer paso. No te arrepentirás.

Por tu libertad financiera!!!!

Visita nuestra página de autores en Amazon! ¡Y consigue más MENTES LIBRES!

http://amazon.com/author/menteslibres

Si lo deseas, puedes dejar tu comentario sobre este libro haciendo clic en el siguiente enlace para que podamos seguir creciendo! ¡Muchas gracias por tu compra!

https://www.amazon.com/dp/B0825M3NVG

www.ingramcontent.com/pod-product-compliance
Lightning Source LLC
Chambersburg PA
CBHW040241220526
45473CB00001B/330